Inhalt

Change-Management - Bestandteil der Organisationsentwicklung

Kernthesen

Beitrag

Fallbeispiele

Weiterführende Literatur

Impressum

Change-Management - Bestandteil der Organisationsentwicklung

Robert Reuter

Kernthesen

- Change-Management stellt Führungskräfte vor große Herausforderungen.
- Zugleich müssen Manager prinzipiell erkennen, dass sich der Wandel nur schwerlich von oben verordnen lässt.
- Um die Veränderung dennoch im Unternehmen zu implementieren, wird sie immer häufiger als Bestandteil der Organisationsentwicklung verstanden und behandelt.

Beitrag

Allgegenwärtige Probleme

Trotz einer Vielzahl von Publikationen und des vermehrten Einsatzes von Change Agents stellen Veränderungsprozesse die Unternehmen vor Probleme. Oft sind es handwerkliche Fehler, die die Lust auf Veränderung im Unternehmen ausbremsen. In den Unternehmen verursacht der Veränderungsdruck darum noch immer mehr Unzufriedenheit als Freude am Neuen. Nur ein Drittel der Mitarbeiter solcher Unternehmen, die sich den Wechsel auf die Fahnen geschrieben haben, äußert sich positiv über den Veränderungsprozess. Einige Studien gehen davon aus, dass 50 bis 70 Prozent der Change-Prozesse deutlich länger dauern als geplant, dabei teurer werden als befürchtet oder einfach versanden. In rund der Hälfte aller Veränderungsfälle gelingt es den verantwortlichen Führungskräften nicht, die gesetzten Ziele zu erreichen. Oft geraten Unternehmen dabei in eine bedrohliche Schieflage.

Auf Führungskräfte warten in dieser Hinsicht darum noch immer große Herausforderungen. In der Kritik stehen insbesondere die den Change-Prozess begleitende Kommunikations- und Informationsarbeit, der mit dem Wechselwunsch einsetzende Zeitdruck sowie die langen und intransparenten Entscheidungsprozesse. Für betroffene wie eingebundene Mitarbeiter bringen

Change-Prozesse oft Unsicherheiten mit sich, da sie sich vom Ziel des Prozesses kein ganzheitliches Bild machen können. Experten glauben, dass das Change-Management heute ähnlich ineffizient ist wie das Projektmanagement vor 20 Jahren. (1), (2), (3)

Die Mitarbeiter mitnehmen - durch Kommunikation und Wertschätzung

Herausgeschält hat sich in der Diskussion, dass die Einbindung der Mitarbeiter in den Veränderungsprozess oft vernachlässigt wird. Die Belegschaft fühlt sich häufig weder richtig informiert, noch mitgenommen und schon gar nicht wertgeschätzt. Daraus resultiert häufig das Gefühl, von der Führung bevormundet zu werden und im Veränderungsprozess nur als Verfügungsmasse angesehen zu werden.

Dass Mitarbeiter im Prozess mitgenommen werden sollten, ist darum derzeit keine Frage mehr. Andererseits kann auch die zu starke Beteiligung der Belegschaft an den die Veränderung gestaltenden Entscheidungen zu einer Selbstlähmung führen, weil sich aus dem Gewirr an Meinungen keine Entscheidung mehr extrahieren lässt. Experten betonen darum, dass die stärkere Beteiligung von

Mitarbeitern noch lange nicht die Schaffung einer Basisdemokratie bedeuten darf. Stattdessen müssen die klaren Hierarchien, die vor der Veränderung galten, auch jetzt beibehalten werden, um so im Prozess eine klare Orientierung durch Zuständigkeiten zu behalten. Das Mitnehmen von Mitarbeitern kann sich daher nur auf dem Gebiet der Kommunikation abspielen, die im Falle von Veränderungsprozessen in Form echter Dialoge stattfinden sollte. (3), (4)

Vertriebsorganisation - begrenzter Einfluss der Unternehmensführung

Auch ein kommunikativer Umgang mit der Belegschaft ändert nichts daran, dass sich Change-Prozesse nur schwerlich systematisch managen lassen. Stattdessen muss akzeptiert werden, dass Organisationen auf Veränderungsbestreben nicht mit linearen Ursache-Wirkungs-Beziehungen reagieren. Besonders schwer verordnen lässt sich Veränderung nach Ansicht von Experten im Vertrieb. Hier gelten erfolglose Führungskräfte oft auch dann noch als gute Besetzung, wenn sie den Ergebnissen zum Trotz Beharrungsvermögen zeigen und Optimismus verbreiten. Veränderung muss darum gerade im

Vertrieb als dynamischer Steuerungsprozess begriffen werden, der nicht durch den Willen Einzelner zu reorganisieren ist. Wichtig ist stattdessen, den Mitarbeitern den Sinn der Neuerungen klar zu machen und ihnen zu zeigen, dass sich die Veränderung für sie lohnen wird. Auch dafür ist die richtige Kommunikation der Ausgangspunkt für einen am Ende erfolgreichen Change-Prozess. (2)

Eine Herausforderung an Führung und Organisation gleichermaßen

Die Fähigkeit eines Unternehmens, sich zu verändern und anzupassen, ist jedoch nicht nur in der Güte der Führung verankert, sondern in der gesamten Organisation. Eine Studie der Boston Consulting Group hat gezeigt, dass die Kompetenzen der Organisation als Ganzes für die Bewältigung von Veränderungsprozessen genauso wichtig sind wie die Führung durch das Management. Je mehr die Gewissheiten schwinden, so zeigt die Studie, desto wichtiger wird eine agile Organisation, die die Unternehmensstrategie auch unter wechselnden Bedingungen zu tragen vermag.

Für die Organisationsentwicklung bedeuten Veränderungsprozesse damit nicht selten einen schwierigen Spagat. Einerseits soll die Organisation nämlich einen festen Rahmen für die Unternehmensführung liefern, muss sich aber andererseits gleichfalls den notwendigen Veränderungen unterwerfen. Experten beobachten daher, dass Organisationsthemen nun auch beim Change-Management vermehrt in die Diskussion eingebracht werden. (1)

Trends

Oft liegt es an den Managern

Ein aktueller Report von Kienbaum Management Consultants zeigt, dass Topmanager oft selbst die Ursache sind, wenn Change-Prozesse nicht zum Erfolg führen. Die Autoren der Studie befinden, dass die Topkräfte ihren Beitrag für das Gelingen solcher Projekte oft zu optimistisch einschätzen und gleichzeitig nur in geringem Maße zur Selbstkritik fähig sind. Zugleich lehnen es Topmanager häufig ab, sich Hilfe von außen zu holen und sich selbst so aus der Schusslinie zu nehmen. Für die Studie hat Kienbaum mehr als 350 Topmanager, Führungskräfte und Projektleiter zu ihren Erfahrungen und Vorstellungen in Change-Vorhaben befragt. (5), (7)

Change-Manager als Organisationsentwickler

Der aktuelle Trend, Change-Prozesse als Bestandteile der Organisationsentwicklung zu verstehen, schlägt sich auch auf die Rolle des Change-Managers nieder. Diese sehen ihre Aufgabe immer seltener als singuläres Projekt, sondern als permanent verändernden Eingriff in die Unternehmensorganisation. Fußend auf diesem neuen Selbstverständnis, kommt auch dem Personalentwickler in den Unternehmen zunehmend die Rolle des Change-Managers zu. (6), (8)

Führungskräfte brauchen neue Talente

Der beständige Wandel in den Unternehmen macht einen neuen Typus von Führungskräften notwendig. Er soll die Fähigkeit zum Change-Management als Kernkompetenz mitbringen und so sein Unternehmen durch Veränderung fit für die Zukunft machen können. Vom noch vor wenigen Jahren geforderten "Visionär" unterscheidet er sich insofern, als er nicht nur Unternehmensziele formulieren, sondern das Unternehmen für die Erreichung dieser Ziele umbauen oder in Bewegung setzen kann. (10)

Fallbeispiele

Erfolgreiche Fusion durch gleichzeitiges Change-Management

Drei mittelständische IT-Beratungshäuser haben ihre Fusion darum erfolgreich gestalten können, weil sie das Zusammengehen durch ein ausgetüfteltes Change-Management begleitet haben. Agens Consulting, Esprit Consulting und Paricon firmieren heute zusammen als Q Perior und beschäftigen mittlerweile über 400 Mitarbeiter. Die Fusion wurde so vorgenommen, dass die Mitarbeiter aller drei Firmen während jeder Phase des Zusammenschlusses die neue Organisation verstehen konnten. Das hierfür eingerichtete Change-Management-Team ging nach einem Fünf-Phasen-Modell vor: Veränderungsanalyse, Maßnahmenplanung, Umsetzung und Kontrolle, Post-Merger-Phase und Abschluss. (9)

Weiterführende Literatur

(1) Spielräume statt Regeln
aus ZFO - Zeitschrift Führung und Organisation
01/2012, S.051

(2) No change, no chance
aus acquisa, Vol. 56, Heft 04/2012, S. 56-57

(3) Ergebnisse einer aktuellen Studie - Erfolgreiches Change Management
aus Arbeit und Arbeitsrecht, Heft 12/2011, S. 715-717

(4) "Der Mensch macht den Unterschied" – klare Worte auf dem RMS Kongress
aus horizont.net vom 25.04.2012

(5) Realitätsverlust der Chefetage
aus CIO - IT-Strategie für Manager, Meldung vom 26.04.2012

(6) Stabilität in der Bewegung schaffen
aus Personalwirtschaft, Heft 12/2011, S. 26-28

(7) Lebendige Führung
aus ZFO - Zeitschrift Führung und Organisation
02/2012, S.080

(8) Führung 2.0 - nein danke!
aus ZFO - Zeitschrift Führung und Organisation
02/2012, S.102

(9) Veränderungen lassen sich nicht verordnen
aus Computerwoche, 23.04.2012, Nr. 17

(10) Neue Qualitäten für Führungskräfte gesucht

aus IO Management Nr. 11 vom 10.11.2011, Seiten 38 - 42

Impressum

Change-Management - Bestandteil der Organisationsentwicklung

Bibliografische Information der deutschen Nationalbibliothek

Die Deutsche Nationalbibliothek verzeichnet diese Publikation in der deutschen Nationalbibliografie; detaillierte bibliografische Daten sind im Internet über http://dnb.d-nb.de abrufbar.

ISBN: 978-3-7379-0257-1

© 2015 GBI-Genios Deutsche Wirtschaftsdatenbank GmbH, Freischützstraße 96, 81927 München, www.genios.de

Alle Rechte vorbehalten. Dieses Werk ist einschließlich aller seiner Teile – z.B. Texte, Tabellen und Grafiken - urheberrechtlich geschützt. Jede Verwertung außerhalb der Grenzen des Urheberrechtsgesetzes bedarf der vorherigen Zustimmung des Verlags. Dies gilt insbesondere auch für auszugsweise Nachdrucke, fotomechanische Vervielfältigungen (Fotokopie/Mikroskopie), Übersetzungen, Auswertungen durch Datenbanken oder ähnliche Einrichtungen und die Einspeicherung und Verarbeitung in elektronischen Systemen.